अनहद

कहता कुछ बहका बहका मन...

अनिल सक्सेना 'अविरल'

BookLeaf Publishing
India | USA | UK

Made with ❤ on the BookLeaf Publishing Platform
www.bookleafpub.in
www.bookleafpub.com

Dedication

उन अनदेखे, अनकहे और अनसुने अनुभवों के नाम– जो भीतर कहीं चुपचाप आकार लेते रहे। उन लोगों के नाम, कारण बने–कभी मुस्कान के, कभी मौन के। और उन परिस्थितियों के नाम, जिन्होंने तोड़ा भी, और फिर से गढ़ा भी। यह संग्रह उसी यात्रा का एक विनम्र साक्ष्य है।

Preface

जीवन केवल घटनाओं का क्रम नहीं, अनुभवों की एक गहरी धारा है—जो कभी शांत बहती है, तो कभी अपने भीतर अनगिनत भंवर समेटे होती है। यह काव्य-संग्रह उसी धारा के विविध रूपों को शब्दों में बाँधने का एक विनम्र प्रयास है।

इन कविताओं में जीवन की सहजता भी है और उसकी जटिलताएँ भी; रिश्तों की ऊष्मा भी है और उनके भीतर छिपी अनकही दूरियाँ भी। यहाँ अनुभव केवल घटनाएँ नहीं, बल्कि वे सूक्ष्म अनुभूतियाँ हैं, जो अक्सर शब्दों के पार रहती हैं—कभी एक मौन में, कभी एक दृष्टि में, और कभी अपने ही भीतर उठते किसी प्रश्न में।

यह संग्रह आत्ममंथन की उन यात्राओं का साक्षी है, जहाँ मन स्वयं से संवाद करता है—कभी उत्तर पाता है, तो कभी प्रश्नों को ही अपना साथी बना लेता है। रिश्तों की परतों, समय के स्पर्श, और जीवन की अनिश्चितताओं के बीच, ये कविताएँ उस सत्य को छूने का प्रयास करती हैं, जो हर व्यक्ति के भीतर अपनी अलग पहचान रखता है।

यदि इन पंक्तियों में पाठक को अपने ही जीवन की कोई झलक, कोई स्मृति, या कोई अधूरी भावना दिखाई दे—तो यही इस प्रयास की सार्थकता होगी।

Acknowledgements

मैं उन सभी समालोचकों एवं संपादकों के प्रति अपनी हृदयपूर्ण कृतज्ञता प्रकट करता हूँ, जिन्होंने समय-समय पर मेरे शब्दों को सँवारा, सुधारा और उन्हें एक बेहतर रूप प्रदान किया। उनके सूक्ष्म मार्गदर्शन के बिना यह संकलन संभवतः अपने इस रूप में न आ पाता।

1. ~आरंभ ~

बस केवल हो कुछ विस्मित-सा,
एकाएक ही ठिठक गया हूँ।
जीवन की विषम आपाधापी में
संभवतः थोड़ा पिछड़ गया हूँ।

समय को पढ़ने का यत्न फ़िर भी
अविरल, अविलंब ही जारी है।
उतरा हूँ स्वयं प्रेरित होकर,
न विशेष कोई लाचारी है।

भीतर गहरे, धीमे-धीमे
इक व्योम-सरीखा मौन उग रहा,
मानो इक तटस्थ मौन में "ॐ",
और "ॐ" में मौन कोई उदित हो रहा।

ब्रह्म मुहूर्त जैसे इक बार
जो आए, बस फ़िर ठहर ही जाए
हवन अनोखा, पावन, अदृश्य, मानो
चहुँ -प्रहर दिव्य सुरभि बिखराए।

अनुभूति एक परिवर्तन की
प्रसून अनगिनत दिए जा रही,
मन की उमंग गहरी, सघन,
कई रूप, नूतन रंग लिए जा रही।

जड़ हुआ – चेतना तब उमगी,
थम गया, तभी राहें निखरीं।
अवशेषों के शेष भी हुए खंड,
उपजी गहरे कोई लहर अखंड।

अंतर्द्वंद्व समस्त अब क्षीण हुए,
संशय सब अर्थ विहीन हुए।
माँ शारदे की वीणा चहकी,
भीतर कोई हरित बगिया महकी।

संगीत-ताल, शशि की वो चाल,
कई छंद नए, पुष्पों से टँके।
मेघों के ताल, अंबर का भाल,
दिखें भिन्न सभी सुर और ताल।

उत्तर सब गहरे उतर रहे,
भीतर जाकर सब निखर रहे।
इक यात्रा का आरंभ हुआ,
इक विहग संपूर्ण स्वच्छंद हुआ।

2. ~अदरकी चाय~

अदरक की कुटी-कुटी,
कुरकुरी- कुरमुरी,
एक प्याला गुनगुनी,
चाय-सी है- जिंदगी I

धूप में छाँव-सी,
कागज़ की कोई नाव-सी,
चूल्हे की कभी आँच-सी,
कभी सौंधी-सी रोटी अधपकी I

कभी मेघ-सी मल्हार-सी,
कभी रीति-सी –रिवाज-सी,
कभी रंग-पाशी फुहार-सी,
कभी फुलझड़ी अनार-सी I

कभी मीठी नींद खुमार-सी,
कभी लू-सी भी, अंधड़-सी भी,
कभी कड़वी भी,कभी तीखी भी,
कभी लोरी-सी बड़ी मीठी भी I

कभी रिड़की हुई लस्सी-सी,
कभी चाँद पर किसी मस्से-सी,
कभी आँगन को बुहारती,
कभी दोस्त की पुकार-सी I

कभी वेदना, कभी सांत्वना,
कभी आईने का तिड़कना,
कभी शब्दों के प्रहार-सी,
कभी औंधे मुँह सित्कार-सी I

जितनी भी है ,जैसी भी है,
जो गुज़र गई, जो आने को है,
ना रुकी कभी, ना रुकेगी ही -
जिंदगी- जिंदगी ...
अदरक की चाय गुनगुनी ...

3. ~ नियति~

हर दिन एक स्टेशन जैसा,
कल था जैसा, अब के नहीं वैसा,
हर दिन एक स्टेशन जैसा।

उस स्टेशन की जैसी चाय,
इस स्टेशन की नहीं वैसी चाय,
सब कुछ बहती नदियों जैसा,
हर दिन एक स्टेशन जैसा।

उस कुल्हड़ की वैसी कहानी,
इस कुल्हड़ की अपनी रवानी,
हर इक कुल्हड़ अपनी ही कहता,
हर दिन एक स्टेशन जैसा।

बैठे बगल में जो था जैसा,
आज हैं बिलकुल और ही जैसा,
रंग रूप ,अंदाज नया-सा,
हर दिन एक स्टेशन जैसा।

कल पड़ोसी भला था मानुस,
उतर गया, अपनी मंज़िल पर,
धाम मिलेगा , जाने कैसा ?
हर दिन एक स्टेशन जैसा ।

सफ़र सुहाना यूँ ही चलता,
इक जाए, दूजा आ बैठा,
इक दिन रुख़सत हम भी लेंगे,
आएगा मौका इक ऐसा ।

हर दिन एक स्टेशन जैसा...

4. ~ दरार ~

मुद्दा कुछ खास न था,
बस बहस चल गई।
बात तीसरे शख़्स की थी, पर
आपस में ही उलझ गई।

न वो ही पीछे हटने को राज़ी,
न मेरा ही अहम झुकने को तैयार-
इक रिश्ता था जो ,
दाँव पर लग गया
इक नाता था,
जो हाथों से फिसल गया।

कुछ शब्द फूटे,
जो खुद हमारे ही न थे,
कुछ वो अल्फ़ाज़ कड़वे-
बेशक, तुम्हारे भी न थे।
कहाँ भला इन तकरारों से,
जीत सका है कोई अब तक?

कुछ अनजाने में
घट गया,
कोई लम्हा ठगा-सा
थम गया, ठिठक गया।

इक अहम था- जो जीत गया,
इक रिश्ता था -जो अब बीत गया।

✿ ———— ❀ ———— ✿

5. ~ असमंजसता ~

अंतर्मन के सब सप्त-सिंधु ,
नित उमड़ते विचारों के घने मेघ-
इनको शब्दों में रूपांतर कर,
किस कारण अभिव्यक्ति दे दूँ ?

निजता की कैसे आहुति दे दूँ ?
शब्दों की क्यों माला गूँथूँ ?
किसको, क्या व्यर्थ, क्यों कर कह दूँ?
यदि कह भी दूँ, तो क्या हो जाएगा?

यथावत-क्या समझ वह पाएगा?
जाने किस रूप में गढ़ लेगा ?
जाने क्या-क्या वह पढ़ लेगा ?
या खोजूँ पहले उचित पात्र ,
जो करे समझने के प्रयास ?

यदि समझ भी जाए, तो होगा क्या ?
इस व्यर्थ प्रपंच से होगा क्या ?

या यह मानूँ ,जो हैं समतल मुझ से ,
वे पढ़ कर , सुनकर मुस्कुराएँगे I
जो कोपल कोमल रोपूँगा मैं,
कल हरित तरु बन जाएँगे,
वन सघन उभरते जाएँगे I

होती क्यों स्वतः वीणा झंकृत ?
क्या है इसका कोई मूल अर्थ ?
क्यों ना फिर कलम को स्वीकृति दे दूँ?
शब्दों की पूर्ण अभिव्यक्ति दे दूँ...

6. ~ महादेव ~

अनिल भी हूँ,अनल भी हूँ,
धरा भी हूँ, गगन भी हूँ,
हूँ शांत भी, क्लांत भी ,
मैं नाद इक,प्रचंड भी !

कलम भी हूँ, कटार भी,
इक वज्र-सा प्रहार भी ,
सृजन भी हूँ ,जीवन भी हूँ,
विध्वंस भी, संहार भी !

मैं आदि हूँ, तो अंत भी ,
पथिक भी हूँ, तो पंथ भी,
सरित भी हूँ, प्रवाह भी ,
पावक अखंड,ज्वलंत भी !

तांडव भी हूँ तटस्थ भी ,
उदय भी हूँ, तो अस्त भी,
शिवम भी मैं , तो शंकर भी ,
कैलाश भी,तो हूँ कंकर भी !

गृहस्थ हूँ, बैराग भी ,
हूँ शीत तो, मैं ताप भी ,
अनादि हूँ, अनंत भी ,
आरंभ भी हूँ,तो अंत भी !

7. ~ बारिशों के खेत ~

भेद गहरे
सीने में भींच , चल दिया
धीमे धीमे -
बारिशों के खेत में I

पाँव धँसते,
माटी रोके रास्ता,
देती जाए बीते
पलों का वास्ता I

टीस बैरन,
पीर गहरे बो गई,
साँझ की बेला ना थी,
पर हो गई I

क्षण में ही ,जैसे
सब पुराना हो गया,
हर कोई इक दम
सयाना हो गया I

धुंध जो छंटी, के
भ्रम ना कुछ बचा ,
भेद ही थे शेष,
और ना कुछ बचा I

स्वप्नों की इक,
लिख के कविता रेत में I
चल दिया फिर,
बारिशों के खेत में ।

8. ~ बसंत ~

पत्तों के ढेर देख-देख, 'अविरल',
मन में कोई क्षोभ ना आने दे।
इस बार वसंत आएगा मदमस्त,
जो होता है, होते जाने दे।

क्या हुआ कि कोई टहनी चटकी,
क्या हुआ जो शीत हड्डु जमा गई।
उसके बस में जो कुछ भी था,
वो उतना कर सबको कंपा गई।

पर भूल गई, इक सीमा तक ही
वर्चस्व किसी का होता है।
परिवर्तन नियति ही तय करती,
अति का कभी अंत भी होता है।

माना कि तम से भरी रातों में
मनोबल तिल-तिल गलता अक्सर,
पर सृष्टि का भी है इक नियम अडिग –
अगले दिन पुनः निकले दिनकर।

मन शीत, ग्रीष्म, पतझड़ या बीहड़,
कंपता, तपता, तप जाने दे।
इस बार वसंत आएगा मदमस्त,

जो होता है, होते जाने दे।

✿ ———— ❀ ———— ✿

9. ~ कृष्ण आगमन ~

मन पे छाया है
तिमिर विकराल ,
फिर लौट आया है
शूऩ्य काल !

है ग्रहण, गहन,
सब मौन प्रश्न ,
तम ही तम है –
उठें, जिस ओर नयन I

स्थिर है समीर ,
स्थिर भू और ताल,
फिर लौट आया है
शून्य काल I

निद्रा छूटी ,तन्द्रा टूटी,
रवि आगमन की भी
आस छूटी I
हुआ मौन अचानक,
क्यों वाचाल ?

फिर लौट आया है
शून्य काल I

असमंजसता की
अराजकता ,
प्रश्नों की प्रचंड
ओलावृष्टि ,
ओझल सर्वस्व,
सब यत्न निरस्त,
असहाय खड़ी
मन की दृष्टि,
तिड़के , छिटके ,
सब लोह ढाल,
फिर लौट आया है
शून्य काल I

कहते हैं, भोर से
ठीक पहले ,
सर्वत्र अंधेरा होता है,
प्रगाढ़ तिमिर के आँगन में ही
प्राकट्य प्रातः का होता है

मन स्थिर हो रह,
घटता सब कुछ ,
जो ये रह रह के
कोई संकेत तुझे
समझाने को है,

छँटने वाली है
श्यामल ये रात ।

किसी भी क्षण
कृष्ण आने को हैं,
किसी भी क्षण

कृष्ण आने को हैं...

10. ~रक्तबीज से प्रश्न~

और कितने पर्दे फ़ाश होने को हैं?
और कितने राज़ ज़ाहिर होने को हैं?
और कितनी दूर मेरा हश्र है?
चिलचिलाता अंगार-सा, ये यक्ष प्रश्न है!

धूप कितने और काँटे बोने को है?
शाम से पहले क्या कुछ होने को है?
और कितना पसरा पैदल रास्ता?
कैसे नापें, किस से किस को वास्ता?

उगले निस-दिन पीड़ क्यों धरती रहे?
वक्री ही क्यों भाग्य-चक्र हर पल चले?
कामनाएँ कब की शुष्क हो गईं,
रास्तों पर, कुछ ही डगों पे खो गईं।

वेदना का मुझ ही से क्या वायदा?
पैरवी भी किस से ? क्या ही फ़ायदा?
प्रश्न क्यों, अविरल, फेंकते भाल हैं?
द्वंद्वों की ये कौन-सी ही चाल हैं?

इस अर्ध-जीवित चेतना का क्या करें?
क्या मूक हो बस शेष पृष्ठ पलटा करें?
तूणीर शरों से है भरा, पर ज्ञात नहीं धनुष कहाँ?
क्यों है हर कदम को जकड़ रहा अंकुश यहाँ?

क्यों चाँदनी यूँ बेचैन हो करवटें बदल रही?
क्यों गुमसुम बयार न रुक रही और न ही चल रही?
क्या अंधे काफ़िलों के संग बस यूँ ही चलें-चलें?
अविरल, प्रश्न तो हैं अनेक, पर किससे कहें?

क्या अकर्मण्य हो, सब कुछ ही कल पर टाल दें,
या सब्र फिर उधार लें, प्रारब्ध पे सब डाल दें...?

11. ~गृहिणी~

उनींदी सी, एक झटके से
बिना किसी शिकायत
एक दम से उठ खड़ी होती है
गृहिणी..!

पूरी दिहाड़ी,
हल्की आंच पर
बन कर रोटी-
धीमे-धीमे सिकने को

कोई नहीं पूछता
के रात नींद पूरी हुई
शरीर दुखता तो नहीं
कमज़ोरी, चक्कर तो नहीं आते

जब तेज़ी से घूमती हो बदहवास
किचन से वाशिंग मशीन ,
वाशिंग मशीन से
छत पर और फिर
एक कमरे से दूसरे

फिर आँगन, फिर छत ..
कपड़ों की तरह निचुड़ते
सूखते...

ये मान्य नहीं है
गृहिणी का बीमार पड़ना
कायनात रुक सकती है
टिफिन, डिनर ना बनने से

“ओह नो!” के रिएक्शन से बचने को
गृह लक्ष्मी खुद ही कोई दवा खा लेती है
सब से लगभग सभी कुछ
छिपा लेती है..

12. ~ परिवर्तन~

दर्द की मद्धिम-सी धीमी आँच में,
पक रही हैं ज़िंदगी की रोटियाँ।

धीमे-धीमे सेक पर उबल रहीं,
जाने कितनी ख़्वाहिशों की सिसकियाँ।

तप रहा है स्याह जीवन का तवा,
रात-दिन बारी-बारी से सिक रहे।

भभकती, धू-धू उफनती लपटों में,
फुँक रहा बही-खाते का हर इक सफ़ा।

वक़्त अच्छा भी आएगा—इस उम्मीद में,
जाने कितने दौर बूढ़े हो गए।

संग था जो कुछ भी, घुल के बह गया,
आसरा भी उम्र संग, होते-होते ढह गया।

दीप जाने तब भी गहरे भीतर कहीं,
अनायास, बिन जतन, इक जल गया।

मन का इक कोना जो सूना था कभी,
धीमे से इक देवालय में बदल गया।

धूप की उजली किरण,
कहीं गहरे भीतर जा बसी।

श्वेत, उजला मन हुआ,
बदली-सा हो धवल गया।

नियम ये आदि काल से,
अमिट है–प्रकृति ने ढला।

आरंभ किसी भी यात्रा का,
किसी अंत पर ही है टिका...

13. ~हिम खंड~

एक अति असामान्य,
कठिन, असहनीय कीमत चुकानी होती है-
शिखर पर, बस यूँ ही
टहलते- टहलते
तो नहीं पहुँचा जाता।

और फिर-
उन चरम ऊँचाइयों पर - व्याप्त है
नितांत एकांत, ठिठुरन, शीत हवाएँ,
ठंडे - कठोर पाषाण,
और सीलन ..
वैसा कुछ भी तो नहीं,
जो तका करते हैं ,टकटकी लगाए
असंख्य सामान्य जन ,
शिखर की ओर।

एक महत्वाकांक्षा,
दिशाहीन प्रलोभन
कीमत में नोच लेता है
वो सुख का एक- एक पंख,

जो प्रचुर मात्रा में उपलब्ध है
उस सामान्य जन को-
जो देखते रहता है, टकटकी लगाए ,
शिखर के, नितांत उस अकेले,
ठिठुरते, लाचार हिम खंड को I

14. ~संशोधन~

कभी सागर से क्या, जा कर कह दूँ ?
कि बहते रहते, तो बेहतर रहते I

क्या ही पाया, जोगी बन कर,
हो कर समाधिस्थ , जड़वत रह कर ?
क्यों न तुम भी, बस बह निकले
अपनी धुन में, कोई लय पकड़े ?

क्या सूझा तुम्हें, जो थम ही गए ?
हिम खंड से ,पाँव क्यों जम ही गए ?
औरों की पीर कल- कल बहती ,
क्यों संग्रहित तुम ही में होती रहती ?

गहरे हो, थाह ना पाया कोई ,
पर तुम-सा कोई भी मूढ़ नहीं I
इतना गहरापन ठीक नहीं,
यूँ घुलना-मिलना ठीक नहीं I

कुछ तो सीमाएँ बाँधो तो ,
भीतर सब कुछ ना आने दो I

क्यों यूँ सब को ही अपनाते तुम ?
अंततः खारे ही होते जाते तुम I

विषधारक हुए अकारण ही,
भोले कहलाए इस कारण ही I
निज वेग रोक क्या पाओगे ?
सूने,नितांत रह जाओगे I

सब मूक ही क्यों सहते रहते ?
कभी सागर से क्या, जा कर कह दूँ ?
कि बहते रहते, तो बेहतर रहते I

✿ ———— ❀ ———— ✿

15. ~आहत मन~

मन-
क्यों नहीं आखिर
तू समझ पाता ?
क्यों नहीं किसी योगी-सा
सध जाता ?

क्यों व्याकुल यूँ ,
आहत है क्यों ?
किस खोज में
क्योंकर निकला तू?

क्यों है विचलित,
खंडित है क्यों?
पीड़ा से क्या,
तेरा नाता ?
क्यों नहीं किसी योगी-सा
सध जाता ?

यूँ प्रश्नों से,
क्यों जूझता तू?
केवल तू ही
सब बूझे क्यों?

क्यों न – औरों-सा सरल
तू भी हो जा ?
बस खा -ले,पी-ले
और सो जा. ...!

प्रश्नों को, यूँ ही
रहने दे,
बहता है जीवन
बहने दे..!

क्या सोच के,
गहरा पाएगा?
किसी कवि -सा बन कर
रह जाएगा ..!

16. ~मध्यांतर~

अलसाया-सा, बौराया-सा
बैरंग, वापिस लौटाया-सा ,
दोराहा-सा , किंकर्तव्यविमूढ़,
आ खड़ा हुआ है-
मध्यांतर ।

मीलों के पत्थर गिनता-सा,
बिखरा, घर-बार में तिनका-सा
कोई सार नहीं,आधार नहीं,
फिर भी किसी ज़िद पे अड़ा हुआ है -
मध्यांतर ।

ये भी कर लूँ, वो भी कर लूँ ,
या थोड़ा रुक कर कुछ साँस तो लूँ
दर्पण तकता, बन प्रश्न चिन्ह,
खुद अपने आप से लड़ा हुआ है-
मध्यांतर ।

तन शंकित, पर मन भटकाता-सा,
मरुस्थल में दौड़ लगाता-सा
किसी मकड़जाल में बेबस-सा
है अर्धविराम-सा पड़ा हुआ -
मध्यांतर ।

✿ ———— ❀ ———— ✿

17. ~मैंने देखा है~

मैंने देखा है,
मुलायम -सी दूधिया रातों में,
चाँद की किरणों से उतरते हुए
कई गंधर्वों को धरती पर
करते हुए अठखेलियाँ।

देखा है उन्हें चाँदनी को
रजत कलशों में ,
हथेलियों से भरते हुए,
जल-तरंग की ध्वनि पर
धीमे-धीमे थिरकते हुए ।

मैंने देखा है छिटके हुए बादलों को,
श्वेत कपास में बदलते हुए I
मैंने देखा है,मोगरे की महक में
भीगी हुई हवाओं को,
खुले आकाश तले
खिलखिलाकर दौड़ते भागते हुए।

देखा है मैंने,
लगभग वो सभी कुछ
जो कदापि देख पाता है
चाँदनी रात में
चकोर कोई....

18. ~ओहदा~

एक ओहदा काँधे पर लादे हुए,
इक सधी-सी लीक पर
चलते रहे , बस शीश झुकाए,
किसी दूजे के निर्देशों पर ।

ओहदा - बहुत कुछ संग ले गया..
स्वच्छंद नीले अंबर की उड़ान,
निश्चल-सी चेहरे की मुस्कान,
निर्झर की सुरीली बहती कविता,
गीत, लय, छंद, ताल की सरिता,
यहाँ तक कि अपनी ही पहचान..!

और ले गया संग-संग अपने
उगता सूरज, दूधिया रातें,
बे –सिर-पैर की वो लंबी-सी बातें,
प्रफुल्लित, जगमग-सा अमलतास,
ठंडी-सी रेत पर , नंगे पाँव
मीलों टहलने का आभास ...!

ओहदा -
भीतर तक जाने कितनी बार,
पैनी, तीखी-सी लिए कटार ,
सब रास-रंग ,मन की उमंग,
को निष्ठुरता से छील गया,
सर्वस्व समूचा लील गया।

और एवज़ में बस थमा गया
एक कोरा, श्वेत
अनुभव- प्रमाण पत्र,
अनजाने में खर्च हुई
इक अर्थहीन,
नीरस सी उम्र...!

19. ~गंतव्य~

परतें , इक-इक
छूटे जातीं I
नैया मानों
स्वतः बहती जाती।

लहरों से
निज संबंध है क्या?
मन, लगन लिए
किस ओर चला?

अंतर अंततः
मिटते जाते
सब संशय मन के,
छिटकते जाते।

क्या , इक-इक कर
छूटता जाता
मन किस पथ ,अविरल
बहते जाता ?

अब –
प्रार्थी भी मैं,
प्रार्थना भी मैं,
याचक भी मैं
याचना भी मैं

जाने कब मन
संगीत हुआ,
कब निर्झर फूटा,
कब गीत हुआ ?

कब श्लोक हुआ,
सब मंत्र हुआ...
नभ के खग–सा
स्वतंत्र हुआ ।

फिर क्या ही कुछ
माँगू किससे ?
किस पथ विचरूँ
भागूँ किससे ?

अब लक्ष्य कोई
ना रहा ऊँचा,
मन गंतव्य पर
आ पहुँचा ।

अंततः ,गंतव्य पर
आ पहुँचा ....

✿ ———— ❀ ———— ✿

20. ~तू भी तो जी~

हर जन के लिए मत हो बोझिल ,
स्वयं को भी पढ़, स्वयं से भी मिल I

यदि गलना ही है किसी की खातिर,
तो ध्यान ये रख कि वो हो न शातिर I
कहीं छला गया तू- ऐसा तो नहीं ?
कि तू समझे सब- वैसा भी नहीं !

तू सरल, सलिल , निष्काम, निश्चल,
कोई आह भरे- हो जाता विकल I
ये त्रुटि तेरी, ले डूबी तुझे,
विष धारण की- क्या सूझी तुझे ?

वो चतुर बड़े, तू क्या जाने?
क्यों अब भी तू न पहचाने?
उन्हें है विदित,- तू है भोला बड़ा,
यही इक कारण- तू अकेला खड़ा I

वो शोषित कर सब आगे बढ़े,
थे प्रस्तुत काँधे- इसलिए चढ़ेI

किंचित भी तू, ये न समझ पाया,
जीवन जीने इक , तू भी आया I

माना कि इक थे, दधीचि ऋषि,
जो तन-मन सब कुछ वार गए I
लेकिन कारण थे विशेष बड़े-
याचक बन सम्मुख थे स्वयं प्रभु खड़े I

निर्मल मन होना है सौभाग्य बड़ा,
पर इससे भी अधिक ये है विशेष I
बुद्धि भी उतनी हो - तीक्ष्ण ,
कि पढ़ पाओ, दूजे का मनI

होता नहीं हर कोई पात्र कि तुम,
कुछ भी सहर्ष देते जाओ I
वो छलिया बड़े ही कपट से भरे -
क्योंकर तुम ही सहते जाओ ?

कुछ तो निज जीवन का तुम भी
विचार करो औरों की तरह,
क्यों हर जीवन ही ऐसे कटे-
तुम रहो कर्ण सम, पूर्ण ठगे..

21. ~खाली बस्ता~

खाली झोली,
खाली बस्ता,
नयन भरे,
फिर भी वो हँसता I

कदम अनमने,
उलझी राहें,
फैलाए फिर-
किस ओर बाहें ..

उखाड़ी साँसें,
बोल रुआँसे,
कब चल दे,
किस ओर, कहाँ से?

सब को देखा,
सब कुछ पहचाना,
फिर कहाँ पहुँचना,
कहाँ है जाना ..

सूनी राहें ,
अंधा रस्ता,
खाली झोली,
खाली बस्ता,

नयन भरे-
फिर भी वो हँसता...

www.ingramcontent.com/pod-product-compliance
Lightning Source LLC
LaVergne TN
LVHW050820051026
849532LV00008B/3045

* 9 7 8 9 3 7 6 4 2 8 2 9 8 *